# CONGRÈS



## SOUVERAINS DE L'EUROPE

## PROGRAMME

PARIS

E. DENTU, ÉDITEUR

PALAIS ROYAL, GALERIE D'ORLÉANS, 17 ET 19

1864

# CONGRES

## DES

# SOUVERAINS DE L'EUROPE

---

## PROGRAMME

Le 5 novembre 1863, la France, par l'organe de son souverain, a déchiré solennellement les traités de 1815 à la face de l'univers.

Napoléon III, par sa lettre historique du 4 novembre 1863 adressée à tous les souverains de l'Europe et par son discours du 5 du même mois, après avoir expliqué la situation politique de l'Europe, engage et invite tous les gouvernements à se réunir pour s'entendre sur les différents points qui divisent en ce moment certains États du continent, pour proclamer la paix et pour arriver à désarmer l'Europe.

Cette pensée est sage et élevée et le monarque qui l'a écrite doit être sincère, car il a avec lui une armée nombreuse et vaillante, une marine puissante et, derrière lui, toute la nation, depuis le premier jusqu'au dernier des Français.

Son appel sera donc entendu ; si ce n'est demain, ce sera après demain. Qu'on y réfléchisse, et surtout qu'on n'attende pas pour cela que le sang ait coulé de nouveau.

*
**

La paix européenne, l'union occidentale, à l'instar de l'union américaine, mais sans ses inconvénients, puisque nous n'avons pas de nègres ; tel est le but que doivent se proposer les souverains.

*La conciliation des parties, le désarmement général, la solidarité européenne, la liberté des mers, un langage général, des poids, des monnaies et des mesures uniformes,* voilà les moyens.

Par la conciliation des parties, nous entendons une organisation nouvelle et d'abord partielle des États occidentaux, faite amiablement entre les souverains et sanctionnée par les peuples intéressés.

C'est une tâche bien difficile que celle d'apaiser toutes les inimitiés qui divisent actuellement et les souverains et les peuples de l'Europe ; mais la chose n'est point impossible.

Nous allons essayer de résoudre la difficulté.

Voici notre moyen :

# LA POLOGNE, LA RUSSIE, LA PRUSSE ET L'AUTRICHE.

La diplomatie d'une, deux et trois puissances a fait des efforts prodigieux dans la question russo-polonaise, sans voir une seule de ses démarches aboutir à un résultat satisfaisant. Les Polonais sont restés les ennemis mortels des Russes, et, tous les jours, les horreurs de la guerre font de nouvelles victimes de part et d'autre. Telle est la situation dans le duché de Varsovie.

Quant aux duchés de Posen, de Gallicie et de Cracovie, qui semblent être tranquilles actuellement, la vérité est qu'au fond ces provinces sont très-émues, et qu'une victoire polonaise qui rendrait au duché de Varsovie son antique indépendance jetterait une effervescence dangereuse dans les autres duchés soumis à la Prusse et à l'Autriche.

Aujourd'hui, la révolution polonaise n'est pas uniquement dirigée contre la Russie, comme on pourrait le croire, mais aussi contre la Prusse et contre l'Autriche. Dans cette situation compliquée, quel remède faut-il employer pour concilier les parties ? A quels moyens faut-il recourir pour arrêter le sang et éviter à l'avenir de nouveaux malheurs sur ce point ?

1° Nous proposons de ranger sous l'empire d'une même loi les trois duchés de Varsovie, de Posen et de Gallicie, y compris Cracovie, de donner à cette population, ainsi réunie, une autonomie politique.

2° Nous désirerions voir nommer un prince russe pour gouverneur à Varsovie, un prince prussien pour gouverneur à Posen et un prince autrichien pour gouverneur à Lemberg et à Cracovie.

3° Nous imposerions à ces trois provinces une redevance annuelle et proportionnelle au profit de la Russie, de la Prusse et de l'Autriche.

4° Et cette organisation nouvelle porterait le nom de CONFÉDÉRATION POLONAISE.

Maintenant si cet arrangement déplaît aux Polonais, aux Russes, aux Prussiens et aux Autrichiens, tant mieux : cet accord de dissentiment également partagé entre les différentes parties intéressées, sera, peut-être, une raison d'espérer que ces puissances ne mettront pas trop de résistance à la nécessité de s'entendre.

Mais avant d'aller plus loin, il nous semble indispensable de résumer ici très-sommairement l'histoire de Pologne, de Russie, de Prusse et d'Autriche afin de montrer l'origine et les différentes phases par où sont passés ces États, et aussi pour donner à nos lecteurs les moyens d'apprécier les droits et les titres de chacun de ces gouvernements.

## POLOGNE.

Aux sixième et septième siècles, la Pologne était occupée par des tribus slaves appelées Lekhes.

Au huitième siècle ce pays devint un royaume; sous

les Piastes, les peuples de cette contrée acquirent une grande puissance, et ils formèrent, aux quatorzième et quinzième siècles, la monarchie la plus importante du Nord; c'est sous les Jagellons que la gloire et la splendeur de cette nation atteignirent leur apogée.

Mais depuis, puissance et éclat, tout a disparu en traversant des péripéties nombreuses, et l'on vit décroître considérablement l'étendue de la Pologne qui était encore, au milieu du dix-huitième siècle, plus grande que la France, puisque ce royaume s'avançait à l'ouest jusqu'au cours moyen de l'Oder, au nord-ouest jusqu'à la Baltique, au sud jusqu'aux monts Carpathes, et au cours du Dniester, à l'est jusqu'au Dnieper, au nord jusqu'au cours inférieur de la Dwina.

Tous les jours on arrachait à ce malheureux royaume un lambeau de son territoire.

Affaibli par des dissensions intestines, ruiné par les intrigues du dehors, cet État devint la proie de la Russie, de la Prusse et de l'Autriche, qui se le partagèrent en 1772, 1793 et 1795.

Napoléon I<sup>er</sup> parut et l'ordre de choses, établi quelques années auparavant, fut bientôt renversé par ce monarque, qui prit à la Prusse tout ce que celle-ci avait enlevé à la Pologne; il y joignit plusieurs provinces de la grande Pologne et forma du tout le grand-duché de Varsovie qu'il donna au roi de Saxe.

Cette organisation ne dura pas longtemps. Napoléon I<sup>er</sup> ayant disparu, l'Europe, encore toute émue des grands événements qui l'avaient bouleversée, s'empressa néanmoins de procéder à une nouvelle division des peuples dans le mémorable congrès de Vienne. C'est dans ce congrès que la Prusse reprit le duché de Posen et que tout ce qui restait de la Pologne fut livré à la Russie, la Gallicie n'étant pas sortie des mains autrichiennes.

Malgré tant de bouleversements, l'esprit de cette malheureuse nation ne s'est point soumis au joug des étrangers; aussi, toutes les fois que les occasions se sont présentées, les Polonais ont-ils protesté contre l'occupation de leur territoire, le plus souvent les armes à la main.

En 1830, une insurrection sérieuse ensanglanta ce pays ; il s'agissait de chasser les Russes. Toutefois, les Polonais furent soumis, non qu'ils manquassent de courage, mais parce qu'ils n'avaient pas d'homme de génie à leur tête.

Depuis lors, la Russie, la Prusse et l'Autriche ont réussi à effacer de la carte d'Europe la nation polonaise, et Cracovie, qui était en 1815 la capitale d'une petite république, fut annexée violemment à l'Autriche en 1846.

## RUSSIE.

La Russie était désignée par les anciens sous le nom de *Sarmatie* ou *Scythie*, et comprenait neuf peuplades différentes appelées *Vénèdes, Goths, Esthes, Finnois, Bastarnes, Besses, Agathyrses, Sarmates* et *Roxolans;* ces derniers ont donné leur nom à la Russie.

Le nom de Slaves apparut au commencement du

moyen âge ; il désignait les habitants de la plus grande partie de ce pays.

La monarchie russe, dont Rurik, chef de pirates, est considéré comme fondateur, ne remonte guère au delà du neuvième siècle.

Le siége de cette monarchie fut tantôt dans le bassin du Dnieper, tantôt dans celui du Volga.

Du treizième au quinzième siècle, les Slaves furent assujettis par les Mongols. Au seizième siècle, les Slaves reconquirent leur indépendance et donnèrent à leur État le titre d'empire. Mais ce n'est qu'à partir de Pierre le Grand, à la fin du dix-septième siècle, que la Russie acquit une importance qui depuis est toujours allée en augmentant.

Actuellement la Russie d'Europe comprend : 1° cinquante gouvernements, 2° deux républiques militaires, 3° le grand-duché de Finlande, 4° le royaume de Pologne, 5° et la Circassie. Elle a une superficie de 20,000,000 de kilomètres carrés et compte 72,000,000 d'habitants.

## AUTRICHE.

Avant le moyen âge le Norique, la Pannonie et la Dacie étaient les pays auxquels correspond aujourd'hui l'empire d'Autriche. Plus tard, ces contrées formèrent plusieurs États indépendants, savoir : le royaume de Bohême, le royaume de Hongrie et le duché d'Autriche. Les souverains du duché d'Autriche devinrent par la suite les plus puissants et soumirent successivement leurs voisins. La maison d'Autriche, ajoutant l'intrigue à la force, posa la couronne impériale d'Allemagne sur sa tête. Le titre pompeux de chef de l'empire allemand ne lui conférait aucun droit de possession, il est vrai, mais sa position lui donnant une influence morale et une certaine suprématie sur tous les autres États allemands, son orgueil était satisfait. Ce n'est que depuis 1806 que les souverains autrichiens prirent le titre d'empereur d'Autriche. Aujourd'hui cet empire comprend onze provinces dans la Confédération germanique, qui sont : la *Bohême*, la *Moravie*, les *duchés de Silésie*, les *pays au-dessus et au-dessous de l'Ens* (qui forment l'archiduché d'Autriche), le duché de *Salzbourg*, la *Styrie*, le *Tyrol*, la *Carinthie*, la *Carniole* et le littoral illyrien.

L'empereur d'Autriche possède en outre : la *Vénétie* en Italie, la *Gallicie* avec le grand-duché de *Cracovie* (parties polonaises), le grand-duché de *Bukovine*, le royaume de *Hongrie*, la voïvodie de *Serbie*, le banat *de Temes*, le royaume de *Croatie* et d'*Esclavonie*, la *Transylvanie*, les *Confins militaires* et la *Dalmatie*.

L'Autriche comprend une superficie de 648,500 kilomètres carrés et compte 35,000,000 d'habitants.

## PRUSSE.

Anciennement dans la Germanie, à l'ouest de la Vistule, habitait un peuple que l'on nommait Borusse ou

Porusse, mot dont on a formé Prusse. Les Borusses avaient peu d'importance politique.

Les chevaliers de l'ordre Teutonique et les rois de Pologne se disputèrent longtemps cette contrée, qui se divisait alors en Prusse ducale et Prusse royale. Les premiers finirent par s'assurer, au seizième siècle, toute la souveraineté des deux Prusses. Depuis lors, les princes qui se succédèrent sur le trône s'attachèrent à réunir sous leur sceptre toutes les provinces qu'ils purent enlever à leurs voisins, jusqu'au jour où Napoléon I$^{er}$ vint à son tour affaiblir considérablement leur puissance ; mais ce moment de faiblesse ne dura pas longtemps et bientôt le congrès de Vienne rendit à la Prusse plus qu'elle n'avait perdu.

Ce royaume se compose actuellement de huit provinces, dont deux en dehors de la Confédération germanique : la *Prusse* proprement dite et le duché de *Posen* ; les six autres, placées en Allemagne, sont : la *Poméranie*, le *Brandebourg*, la *Silésie*, la *Saxe*, la *Westphalie* et la *Prusse rhénane*.

Cet État comprend 279,000 kilomètres carrés et compte 18,000,000 d'habitants.

Tels sont les titres de propriété enregistrés par l'histoire, et dont les souverains actuels peuvent se prévaloir ; il est vrai que cet état de choses est consacré par le temps. Mais avant, n'existait-il pas également une autre organisation consacrée aussi par le temps ?

# DANEMARK

## LES DUCHÉS DANO-GERMANIQUES.

Les restes d'un sentiment féodal subsistent encore au delà du Rhin.

Cette idée surannée, qui peut amener la dissolution de l'Allemagne, est aujourd'hui la source de toutes les difficultés graves qui existent entre elle et les souverains libéraux limitrophes ayant un pied dans la Confédération.

Le roi de Danemark Frédéric VII avait résolu d'unifier la monarchie danoise, en y introduisant les réformes modernes. Son successeur Christian IX, pour avoir voulu continuer cette grande œuvre, est actuellement obligé de défendre ses États contre une prétendue légitimité, légitimité qui s'appuie sur des actes féodaux réduits en poussière et sur une charte de 1460 qui est dix fois caduque.

Voici l'histoire :

Au commencement du dix-huitième siècle, les ducs d'Augustenbourg avaient renoncé à tout droit de succession dans le duché de Sleswig et avaient vendu au roi de Danemark leurs principautés héréditaires moyennant une somme considérable.

A la fin du dix-huitième siècle, le grand-père du prétendant actuel ayant épousé une sœur du roi Frédéric IV, cette alliance fit naître dans son esprit et dans celui de

ses descendants des velléités d'usurper la couronne danoise.

En 1848, Christian d'Augustenbourg, père du prétendant, de concert avec son frère, abusa de sa position
auprès du souverain de Danemark, son parent, pour
soulever les masses afin de profiter de l'agitation. Mais
ils payèrent cette conduite déloyale par l'exil, et leurs
propriétés furent retenues par le gouvernement danois
qui les en indemnisa.

Comme roi de Danemark, Frédéric VII était aussi souverain d'un duché *danois*, le Slesvig, et de deux duchés
*allemands*, le Holstein et le Lauenbourg. C'était par ces
deux dernières provinces qu'il était entré, en 1815, dans
la Confédération germanique.

Frédéric VII, n'ayant pas d'enfant, avait voulu régler
la question de sa succession dans un congrès tenu à
Londres, le 8 mai 1852. La Russie, la France, l'Autriche,
l'Angleterre, la Prusse, la Suède et la Norwége y sié-
geaient.

Ces puissances signèrent un traité par lequel tous les
droits de Frédéric VII, revenant directement ou par
renonciation à la princesse Louise, épouse du prince
Christian de Glücksbourg, seraient reportés sur la tête
de ce dernier dans leur intégralité.

Plus tard, toutes les puissances de l'Europe accédèrent
à ce traité, à l'exception de la Bavière, de Bade, de la
Hesse Grand-Ducale, du Mecklembourg et de la Saxe-
Weimar.

Le 30 décembre 1852, après le traité de Londres, le

duc Christian d'Augustenbourg, père du prétendant, souscrivit un acte de renonciation dont les conditions ne laissent aucune ambiguïté, tellement elles sont formelles. Par cet acte, ce prince promettait, pour lui et ses descendants, de ne rien entreprendre contre les dispositions prises et à prendre relativement à l'ordre de succession pour tous les pays qui ont été reconnus, par le traité de Londres, appartenir ou obéir au gouvernement danois. De plus, le roi Frédéric VII prit l'engagement de payer toutes les dettes contractées par les ducs d'Augustenbourg et leurs ancêtres. Cet engagement fut scrupuleusement rempli.

Et c'est après toutes ces formalités que le même Christian d'Augustenbourg a transmis à son fils, le duc Frédéric d'Augustenbourg, le lendemain de la mort du roi Frédéric VII, dont il avait obtenu son pardon, tous les droits qu'il a si bien vendus.

Le 16 novembre 1863, le prince Christian de Glücksbourg monta sur le trône de Danemark, avec le désir arrêté de faire exécuter la constitution du 18 novembre. A cet avénement, l'Allemagne se soulève, les passions germaniques sont surexcitées jusqu'au paroxisme, et la Diète, qui était restée onze ans sans protester, se souvint alors de sa double défaite de 1848. Elle ordonne aussitôt l'exécution fédérale, sous prétexte que Christian IX ne remplit pas les engagements pris en 1851-52; et le parti national allemand ne veut aujourd'hui reconnaître le successeur de Frédéric VII que comme roi de Danemark proprement dit, tandis qu'il proclame Fré-

déric d'Augustenbourg, fils dé Christian d'Augustenbourg, duc de Slesvig–Holstein-Lauenbourg.

Complétons ces documents en y ajoutant une petite
note géographique.

Le Danemark est formé de plusieurs îles et d'une
presqu'île comprenant le Jutland, le Slesvig, le Holstein
et le Lauenbourg ; le tout situé entre la mer du Nord et
la Baltique.

Ce royaume comprend 66,000 kilomètres carrés et
compte 3,000,000 d'habitants.

Les duchés de Holstein, Slesvig et Lauenbourg, qui
relient le Jutland avec le continent, forment le tiers du
royaume de Danemark en étendue et la moitié en importance.

En présence de cet exposé succinct et vrai des faits
relatifs au Danemark et aux duchés dano–germaniques
et de l'occupation du Holstein par les troupes fédérales,
que faut-il faire ?

Reconnaître le droit de succession du duc Frédéric
d'Augustenbourg ? Où sont ses titres ? les uns sont
ensevelis sous d'épaisses couches de poussière et les
autres écrasés sous le poids des doubles rixdales et des
thalers.

Condamner les populations des duchés à subir et les
lois et les constitutions surannées que la Confédération
et le duc Frédéric d'Augustenbourg veulent leur imposer ? ou bien les laisser sous l'empire de la constitution
libérale danoise du 5 juin 1849.

Les parties les plus intéressantes dans cette affaire

étant les habitants de ces provinces, eux seuls doivent être consultés.

Quoi qu'il arrive, nous désirons que le port de Kiel devienne un port libre.

## ITALIE.

Si du nord, nous passons au midi de l'Europe, partout nous pouvons signaler les effets morbides d'une sérieuse affection qui rend malade tout l'épiderme du continent. Seulement, sur certains points, l'affection s'est manifestée d'une façon si intense qu'on a songé à appliquer un traitement général au malade après avoir consulté toutes les parties intéressées.

On a dit à cette occasion que l'on n'avait vu jusqu'ici que des consultations de médecins et non de malades. Or pense-t-on qu'une réunion de malades serait ridicule et inutile ? Si oui, qu'on nous permette de faire remarquer ici que le plus souvent chaque individu est son meilleur docteur et qu'il sortirait évidemment d'une réunion de malades intelligents, ayant l'expérience des maladies, un enseignement utile à tous et même à la science.

L'Italie est l'une de ces parties affectées très-gravement; la guerre y existe à l'état latent.

Voyons l'histoire de cette contrée avant d'appliquer le remède.

Dans les temps anciens, la Péninsule italique était

divisée en trois parties : 1° la *Gaule cisalpine*, au nord ;
2° l'*Italie proprement dite*, au centre ; 3° et la *Grande-Grèce*, au sud.

La première partie était habitée par un peuple d'origine gauloise, la seconde partie par des races diverses quant à l'origine, et la troisième partie était peuplée par les Dauniens d'origine grecque et les Peucétiens, regardés comme une branche des Liburniens venus de l'Illyrie.

Plus tard, les Romains, peuple du centre de l'Italie, s'élevèrent au-dessus des deux autres peuples leurs voisins ; ils les conquirent bientôt, ainsi que la plus grande partie du monde alors connu.

L'empire romain, après trois siècles d'existence, se subdivisa en empire d'Orient et empire d'Occident.

Le premier comprenait deux préfectures : 1° celle d'*Orient*, divisée en diocèses d'Orient (Palestine, Syrie, etc.), d'Égypte, d'Asie et de Thrace ; 2° celle d'*Illyrie*, comprenant les diocèses de Macédoine et de Dacie.

Le second était aussi divisé en deux préfectures : 1° celle d'*Italie*, composée des diocèses d'Italie, d'Illyrie et d'Afrique ; 2° et celle des *Gaules* qui comprenait les diocèses des Espagnes, de la Gaule et de la Bretagne.

Telle était donc l'étendue de cet immense empire, qui s'est écroulé sans avoir pu implanter définitivement dans tous les pays conquis les lois et les habitudes romaines, suivant son désir.

Vous le voyez, déjà à cette époque on pensait à unir par les mêmes liens la plus grande quantité possible de contrées ; et, comme il est facile de s'en assurer en étudiant l'histoire, l'idée d'union est arrivée jusqu'à nous en traversant les siècles, tantôt armée de pied en cap, tantôt revêtue de la simple robe du philosophe.

Mais au temps où l'empire romain jetait tant d'éclat, le moment n'était pas encore venu de réaliser le problème de l'union des peuples. Car ceux-ci ne peuvent être unis qu'à la condition de communiquer facilement, fréquemment et rapidement entre eux ; or il n'y avait à cette époque que quelques grandes voies que les Romains avaient établies, et ces chemins étaient rares et difficiles; d'ailleurs, les moyens de transport étaient presque impossibles.

Au dix-neuvième siècle était réservée la solution de ce problème ; les voies ferrées et l'électricité, ces deux grandes forces civilisatrices, devaient, en rapprochant les peuples, les unir par les liens intimes de l'intérêt et par la puissance de la solidarité.

Continuons de passer en revue les phases historiques de la Péninsule.

Au cinquième siècle, les Huns et les Goths envahirent au nord et à l'est l'empire romain qui paraissait inattaquable. Plus tard, les Lombards fondèrent dans la partie septentrionale de l'Italie une monarchie qui fut détruite par Pépin et Charlemagne, les fondateurs de la puissance temporelle des papes.

Mais ici qu'on nous permette encore une digression pour faire remarquer que les mouvements des peuples étaient bien plus fréquents au moyen âge qu'ils ne le sont au dix-neuvième siècle et que les révolutions étaient surtout plus radicales. Les peuples, à cette époque, soulevés par les passions de quelques hommes entreprenants, s'entre-choquaient et se remplaçaient continuellement pareils aux vagues de la mer poussées par un vent violent.

C'est dans ce temps que l'Italie vit fondre sur elle et s'étendre dans ses plaines ces avalanches humaines qui venaient du nord. Un jour, c'étaient les Sarasins qui envahissaient Naples ; le lendemain, c'étaient les Normands, dont un prince, Roger, posa les premières bases du royaume des Deux-Siciles. Après, ce furent les empereurs d'Allemagne, le comte d'Anjou, les rois d'Aragon, de France et d'Espagne. Enfin, au dix-huitième siècle, le sud de l'Italie fut érigé en un royaume particulier, sous une branche de la maison de Bourbon.

Les empereurs d'Allemagne établirent également au nord de la Péninsule un gouvernement qui forma dans la suite plusieurs républiques, principautés ou duchés, lesquels retombèrent tous, les uns après les autres, au pouvoir des empereurs d'Allemagne et des princes italiens.

A la fin du dix-huitième siècle et au commencement du dix-neuvième, Napoléon Ier bouleversa l'Italie tout entière et l'annexa en quelque sorte à la France en donnant à chaque partie principale de cette contrée des souverains qui étaient ses parents.

1815 arriva et le congrès de Vienne partagea l'Italie en neuf États.

1" Le royaume de Sardaigne ou les États sardes ;

2° La principauté de Monaco ;

3° Le royaume lombard - vénitien , appartenant à l'Autriche ;

4° Le duché de Parme ;

5° Le duché de Modène ;

6° Le grand-duché de Toscane ;

7° Les États de l'Église ;

8° La république de Saint-Marin ;

9° Et le royaume des Deux-Siciles.

Mais depuis 1859, tout le monde sait ce qui s'est passé ; toute la Péninsule italique a été livrée à Victor-Emmanuel, à l'exception de la Vénétie, d'une portion des États de l'Église, de la république de Saint-Marin, de la principauté de Monaco et du comté de Nice. Cette dernière contrée ayant été cédée par le Piémont à la France, celle-ci se l'annexa, ainsi que la Savoie, mais après avoir consulté les populations de ces deux provinces.

Examinons maintenant si le nouvel état de choses en Italie répond aux aspirations du plus grand nombre des habitants de cette contrée.

Il résulte de l'histoire des faits qui se sont succédé depuis 1859 jusqu'à ce jour, que l'Italie est actuellement dans un état de fermentation tel qu'il fait présager une révolution terrible et imminente.

Rome, Naples et la Sicile refusent d'accepter la domination piémontaise. Venise ne veut plus appartenir aux Autrichiens. Partout, cependant, il y a des cœurs et des sentiments italiens.

En présence d'une pareille situation, s'il est un cas où les enseignements de l'histoire doivent être utilisés, c'est surtout dans la question italienne, où les trois anciennes divisions de cette contrée, tout en donnant une idée pour l'organisation actuelle, impliquent en même temps certains droits que la politique de 1864 semble adopter. Il s'agit ici des nationalités et des races. Or les habitants de la péninsule, tout en voulant faire partie de la même famille, semblent former encore aujourd'hui des races différentes.

Nous devons le dire, c'est cette distinction qui nous a révélé l'idée de recourir aux anciennes divisions pour partager l'Italie en trois royaumes bien distincts : celui du nord, celui du centre et celui du sud, et de les lier par une confédération

1° La partie du nord, sous le sceptre de Victor-Emmanuel, comprendrait les États sardes, l'île de Sardaigne, la Lombardie, les duchés de Parme et de Modène, le grand-duché de Toscane et tout le territoire compris entre *Forli*, *l'embouchure du Savio* et la *pointe della Maestra*, ce qui formerait un rectangle peu considérable pris sur les États de l'Église, pour donner au Piémont une libre communication avec l'Adriatique et un port sur cette mer.

2° La partie du centre formerait les États de l'Église, sous l'autorité pontificale, avec la même étendue que celle qui existait en 1859, moins la partie ci-dessus distraite.

3° La partie sud, comprenant le royaume de Naples

et la Sicile, serait, dans toute son étendue, rendue au gouvernement de François II.

L'Italie entière devant être confédérée, ainsi que nous l'avons dit plus haut, le comté de Nice, qui forme aujourd'hui un département français, la Vénétie, qui appartient aux Autrichiens, la principauté de Monaco et la république de Saint-Marin feraient partie de cette confédération, tout en restant sous la dépendance des gouvernements qui les administrent actuellement ; ce qui donnerait aux souverains de ces contrées le droit de siéger à la diète italienne.

Cette grande famille aurait pour président le souverain pontife.

La France retirerait ses troupes de Rome.

Et les trois ducs de Parme, de Toscane et de Modène, aujourd'hui dépossédés, recevraient des trois grands États italiens une compensation pécuniaire.

## TURQUIE.

Cet empire étend actuellement sa domination en Anatolie, en Arabie, en Égypte, dans le nord de l'Afrique et en Europe. Cette puissance orientale, dont la capitale est sur notre continent, placée sur les bords du Bosphore, comprenait autrefois (nous ne nous occuperons que de la Turquie d'Europe), les contrées appelées *Mœsie*, *Illyrie*, *Macédoine*, *Thrace* et *Épire*.

Aléxandre le Grand avait réuni tous ces pays, qui

furent plus tard démembrés par les Romains et qui formèrent par la suite l'empire grec ou Bas-Empire.

Après avoir été bouleversé par les Huns, les Goths et les Avares, cet empire se trouva, au treizième siècle, soumis quelque temps aux croisés, qui y fondèrent l'empire latin d'Orient.

A peine ce pays avait-il repris son indépendance (c'était au quinzième siècle) que les Turcs, peuple nombreux et aventurier, sortirent du centre de l'Asie et vinrent occuper cette contrée, qu'ils soumirent entièrement à leurs lois et à leurs habitudes. Mais, à partir du dix-septième siècle, les Turcs, jusqu'alors considérés comme très-puissants, s'amollirent sensiblement et commencèrent à décliner.

Cet empire est aujourd'hui sans force et sans vigueur; chaque pacha tend à s'emparer du pouvoir et à se rendre indépendant de la métropole: déjà plusieurs ont réussi.

Les Turcs, malgré l'énergie du sultan actuel et sa volonté ferme et intelligente, ne veulent pas suivre les progrès des autres nations de l'Europe: c'est un boulet que nous traînons après nous, boulet dont le temps seul doit nous débarrasser.

Toutefois, en laissant au temps cet embarras, il est des parties de cet empire dont l'état maladif appelle de prompts secours: la *Moldavie*, la *Valachie* et la *Servie*, trois provinces turques, trois principautés tributaires slaves ou roumaines, dont les intérêts et la vie politique sont de jour en jour plus compromis.

Ces trois principautés danubiennes auxquelles nous joindrons la *Vieille Servie*, qui dépend directement du gouvernement de Constantinople, renferment une population de 4,100,000 habitants, lesquels diffèrent des autres peuples de l'empire turc et par les habitudes, et par l'esprit et par le langage. Cette différence, l'état actuel de ces provinces et la nécessité de la paix européenne nous ont fait songer à donner à ces pays un gouvernement séparé et indépendant, à les constituer en une république dont la neutralité formerait une barrière contre les puissances envahissantes et ferait taire les passions intestines qui divisent les esprits dans les principautés.

## LE DÉSARMEMENT.

Une fois que l'"Europe serait pacifiée et conciliée, une fois que ce nouvel ordre de choses serait fondé sur des bases équitables et avec le consentement des souverains et des peuples ; une fois qu'on aurait reconnu le principe de la sagesse pratique imposant à chacun le respect des droits établis et conseillant à tous les transactions nécessaires pour concilier le passé avec le progrès qui est une loi du présent et de l'avenir ; une fois enfin que la paix européenne serait solidement établie, où sentirait-on encore le besoin d'entretenir des armées nombreuses, de fabriquer des engins meurtriers, d'élever des fortifications extraordinaires, de construire des vaisseaux cuirassés, autant de sources de dépense et de ruine?

Le désarmement serait donc une conséquence forcée du nouvel état du continent occidental.

Or, le désarmement, c'est une économie de quelques milliards répartis entre les différents États de l'Europe, économie qui servirait à éteindre les dettes, à multiplier les voies et les moyens de communications, à diminuer les impôts, à supprimer les douanes, etc.

Le désarmement serait également l'augmentation du nombre des bras employés pour l'agriculture et l'industrie ; car, qu'on veuille bien nous dire, par exemple, à quoi servent, les 600,000 hommes robustes et jeunes qui composent l'armée française? que produisent-ils?

Plus d'armées, plus de guerres, mais une paix qui produit, une paix qui encourage et facilite les relations des peuples, une paix qui centuple les transactions, une paix qui est le triomphe de la raison sur la force brutale.

Inutile de placer ici en opposition et comme repoussoir les effets de la guerre ; tout le monde les connaît.

Poser ainsi la question devant des peuples éclairés et de bonne foi, n'est-ce pas la résoudre?

Il faut donc en finir avec les vieilles erreurs, et, au risque de passer auprès de certains esprits trop méthodiques et trop systématiques pour rêveur, disons que la société actuelle serait bien coupable si elle ne voulait essayer cette nouvelle politique, cette philosophie que certains hommes arriérés ou de mauvaise foi nomment une *généreuse utopie.*

En conscience, l'état actuel est-il un ordre de choses que la raison puisse encore laisser subsister ? Non, mille fois non. Donc, désarmons! désarmons! ne conservons plus que des gendarmes pour maintenir l'ordre et arrêter les malfaiteurs.

## SOLIDARITÉ EUROPÉENNE.

Si la conciliation et la paix amènent l'union, l'union, elle, amène la solidarité.

Or la solidarité européenne c'est l'entente de toutes les nations du continent occidental pour agir de concert contre l'agresseur qui attaquerait les intérêts de la masse ou d'un des membres de la famille européenne, soit sur mer soit sur terre.

La solidarité est l'action en commun pour produire davantage, pour donner un développement plus rapide à l'agriculture, aux sciences, aux arts et à l'industrie.

La solidarité donne une impulsion morale et fait avancer la civilisation.

La solidarité est une confraternité matérielle et morale.

La solidarité, enfin, est un levier très-puissant pour mouvoir le genre humain dans la voie du progrès et d'un perfectionnement indéfini.

## LA LIBERTÉ DES MERS.

Nous venons de le démontrer, la paix accélère les progrès de l'industrie et du commerce, elle augmente la force productrice ; c'est cette force qu'il s'agit maintenant d'alimenter en lui fournissant les matières premières. Or ces matières sont répandues sur la surface du globe ; quelques-unes se trouvent, il est vrai, au milieu de nous, mais la plupart ne se rencontrent qu'au delà des mers.

Pour nous, aller acheter ces matières, vendre et échanger nos produits chez tous les peuples de la terre, voilà ce que nous appelons faire réellement du commerce. Plus ces opérations sont multipliées et importantes, plus notre commerce est productif et florissant, et le résultat se nomme la fortune, le bien-être général.

C'est pour arriver à ce résultat, que nous demandons la liberté des mers, c'est-à-dire la libre circulation partout en Europe, en Asie, en Afrique, en Amérique et dans toute l'Océanie, la liberté sans aucune exception, la navigation sans visite et sans péage.

Avec l'union et la solidarité du continent occidental, la chose devient facile, et puis qui pourrait s'y opposer ? le gouvernement anglais ? et pourquoi ? parce qu'il a presque le monopole des mers ; cette raison n'est pas suffisante, et si le gouvernement britannique a été assez mal inspiré pour refuser le congrès, le peuple anglais, qui sait à la longue imposer sa volonté, a trop de liberté et de dignité dans le cœur, il est trop éclairé pour ne pas faire proclamer la liberté des mers par son gouvernement, et par là utiliser d'une manière très-fructueuse et au profit de tous, les sommes considérables qui sont tous les ans absorbées par l'édification et l'entretien de nombreux ports de guerre, par la construction de chaloupes canonnières et vaisseaux de haut bord, et par sa marine militaire qui dépense plus qu'elle ne produit.

Aujourd'hui, le rôle de douanier qu'exerce sur toutes les mers la marine anglaise, et pour lequel cette puissance dépense des sommes considérables, doit finir, surtout parce que cette nouvelle voie, tout en profitant aux intérêts généraux, servirait davantage les intérêts particuliers de l'Angleterre.

Mais nous aurions tort de douter des intentions de l'Angleterre sur ce point, car déjà elle nous a donné une preuve de son intelligence en abandonnant, *proprio motu*, les îles Ioniennes, position maritime importante. L'Angleterre ne s'arrêtera pas là, nous en avons l'intime conviction. En 1704, elle a pris Gibraltar ; en 1864, elle rendra à l'Espagne cette forteresse qui lui coûte plus qu'elle ne lui rapporte.

## UN LANGAGE GÉNÉRAL.

Si l'on veut une union européenne, on admettra forcément une communication fréquente entre les différentes nations de notre continent, et si l'on veut le développement de l'industrie, des sciences et des arts, on songera à tous les moyens qui pourront utilement faciliter et hâter ce développement. Parmi ces moyens, il en est un qui est non-seulement utile, mais encore indispensable : nous voulons parler d'un langage général qui serait adopté par tous les pays de l'Europe.

Cette pensée a été très-heureusement comprise par un jeune publiciste, qui l'a énoncée avec beaucoup de clarté dans un article intitulé : *Un obstacle de moins.*

Voici comment il résout cet important problème. La façon est simple, et toutes les susceptibilités nationales sont ménagées.

Qu'on nous permette de citer cet article *in extenso*, car tout ce qu'il contient a beaucoup de rapports avec le sujet que nous traitons.

### *Un obstacle de moins.*

« En regardant à une faible distance derrière nous, nous voyons les peuples séparés absolument les uns des autres. Les douanes, les passe-ports et cent autres obstacles formaient autant de murailles entre tous les pays. Il suffisait d'une rivière, le plus souvent d'une simple ligne conventionnelle, pour rendre étrangers et parfois ennemis deux hommes de nationalités différentes, et qui auraient pu se donner la main en cultivant leurs champs contigus.

» Cet état de choses devait-il durer longtemps? Non, puisque aujourd'hui des traités de commerce existent entre un grand nombre de nations, et que tous les peuples veulent être unis par un contrat à l'exemple de la France et de l'Angleterre; non, puisque les passe-ports sont supprimés presque partout; non enfin, puis-

que les chemins de fer et les fils télégraphiques mettent
actuellement les deux extrémités du globe en communication· directe. C'est un bien grand pas de fait, nous
aimons à le dire. Mais est-ce tout ? Non, car il existe
encore entre les nations deux barrières, deux obstacles
bien puissants ; nous citerons en premier lieu le nom des
différents peuples, l'histoire de leur passé et leur amour-
propre, et, en second lieu, les différences de langage.
Nous ne parlerons pas du système monétaire, des poids
et mesures, qui va bientôt être uniforme partout.

» Le premier obstacle est loin de disparaître ; le second
semble *a priori* très-difficile à vaincre, et cette difficulté
deviendrait évidemment insurmontable si l'on voulait
substituer un langage à un autre. Mais si l'on se borne
à ajouter un langage à un autre langage, le problème
est plus simple.

» Ainsi, admettons un instant que tous les gouvernements représentés dans un congrès décident que désor-
mais la langue italienne sera enseignée dans toutes les
écoles simultanément avec la langue du pays, qu'en ré-
sultera-t-il ? D'abord, presque tout le monde, à une
époque donnée, saura l'italien ; et les hommes, quels
que soient leur nationalité, la distance qui les séparent,
leur idiome, se comprendront immédiatement en parlant
l'italien. Ce sera comme un terrain commun où tous les
intérêts pourront se traiter.

» Et, ensuite, nous ne donnons pas un travail bien
pénible aux jeunes intelligences.

» Mais, nous dira-t-on, pourquoi avez-vous choisi de

préférence la langue italienne? C'est que, de l'opinion générale des polyglottes, il résulte que cette langue est la plus facile à parler et à écrire, son orthographe étant indiquée par la prononciation. C'est qu'elle possède tous les néologismes nécessaires pour l'usage actuel; ce qui n'existe pas dans les langues mortes, telles que le sanscrit, le latin et le grec; c'est qu'elle est en outre la plus harmonieuse, etc.

» Autrement, si nous n'avions écouté que notre sentiment, nous aurions proposé, à l'exclusion de toutes les autres langues, d'adopter le français, qui est la langue qu'emploie déjà la diplomatie; mais celle-ci est très-difficile à parler et surtout à écrire.

» Ceci dit, il ne reste plus qu'à prier les gouvernements de faire cesser le plus tôt possible cette confusion qui existe entre les hommes, et qui date, dit-on, de l'édification de la tour de Babel. Ce serait évidemment un obstacle de moins au rapprochement des peuples et au développement de l'industrie.

» Voilà une idée très-incomplétement exprimée, il est vrai; mais assez clairement toutefois, pour être comprise et appréciée si elle en vaut la peine. Elle aura probablement le sort de beaucoup d'autres; mais peu importe, il est bon de suivre la devise :

» Fais ce que dois, advienne que pourra. »

Après la lecture de cet article, nous voyons aussitôt la possibilité de choisir une langue commune.

Ce choix proclamé, l'étude des langues vivantes se bornerait à celle de son pays et à l'italien.

L'éducation serait alors beaucoup plus complète et plus simple, et les instants qui sont dépensés à apprendre plusieurs langues vivantes, sans pour cela arriver à en savoir assez pour être entendu partout, seraient employés à d'autres études non moins utiles.

Avant de résumer notre pensée, demandons aux gouvernements de l'Europe d'adopter également pour tous les pays un même système de monnaies, de poids et de mesures, ayant une seule et même base, et de faire disparaître le plus tôt possible, de toutes les frontières, les douanes qui sont des obstacles à l'industrie.

Ces mesures seraient le complément, sinon le couronnement de l'édifice qui doit porter sur son frontispice ces mots :

PAIX ET UNION EUROPÉENNE.

## RÉSUMÉ.

La France, forte et puissante, propose à tous les autres gouvernements de l'Europe la paix et un désarmement général ; elle les convie à un congrès où la conciliation et l'union seules doivent siéger.

Souverains, écoutez cette voix amie, si vous ne voulez

pas être obligés d'obéir à la voix terrible des peuples.
. Proclamez la paix, si vous voulez rester les maîtres.

Acceptez le désarmement, facilitez les modifications
utiles réclamées par l'Europe. Unissez-vous d'intérêt, et
faites tous les sacrifices nécessaires pour rester les chefs
d'une même et grande famille ; vous y gagnerez l'estime
et l'affection publiques, et surtout vous conserverez
pour vous et les vôtres les prérogatives de la puissance
et de la suprématie.

Ne croyez pas que les modifications qu'on vous de-
mande aujourd'hui et qui coûteront, à certains d'entre
vous, des sacrifices pénibles, soient nées seulement hier
dans l'imagination d'un rêveur creux, d'un utopiste.

Henri IV de France y songeait sérieusement lorsque
le fer d'un assassin vint briser cette vie dont tous les
instants étaient occupés à rassembler une armée considérable prise dans toutes les parties de l'Europe.

J.-J. Rousseau, l'abbé de Saint-Pierre, Condorcet, Leib-
nitz, Herder, Schiller ont appelé de toutes leurs forces
l'union des peuples et la paix générale.

Napoléon Ier disait qu'il voulait renverser les souverains pour satisfaire les intérêts des peuples. Ce grand
génie voulait fonder une association européenne solide.

Napoléon III déclare franchement, *urbi et orbi*, que
sa pensée tend continuellement à arriver à la paix générale et au désarmement européen.

Cette idée se trouve dans tous les cœurs loyaux et intelligents. Aussi traiter cette idée d'utopie c'est risquer
de condamner la société de 1864 ; c'est méconnaître la

vérité, l'opinion publique ; c'est nier la lumière du soleil, mais c'est surtout retarder la civilisation européenne, si ce n'est la compromettre.

En invitant à un congrès, la France a ouvert aux gouvernements européens deux voies : l'une est la politique rationnelle, sage, économique ; l'autre est la politique surannée des limites des territoires.

Déjà tous les gouvernements invités ont déclaré dans des réponses fort gracieuses et contenant toutes l'assurance de la plus sincère et inaltérable amitié, les uns qu'ils acceptaient sans réserves et les autres avec une certaine restriction la proposition de Napoléon III.

Un seul gouvernement a cru devoir refuser l'invitation de l'Empereur des Français : c'est l'Angleterre. Lord John Russell, son ministre des affaires étrangères, pour éviter à la reine Victoria la peine de répondre à Napoléon III, s'est chargé de cette besogne avec un oubli des usages diplomatiques qui serait impardonnable si le noble lord avait mis plus de temps et de réflexion à sa réponse ; mais cette précipitation devait être calculée : le ministre anglais voulait influencer les réponses des autres puissances et faire avorter complétément par le ridicule la grande et généreuse idée de Napoléon III. Lord Russell, dans ce but, a répondu que le congrès que l'on voulait réunir ne pouvait aboutir. Il ajoute :

« Si toutes les questions de la Pologne, de l'Italie, du Danemark et des principautés danubiennes, devaient se résoudre par une simple manifestation d'opinions, on verrait peut-être que les appréciations du gouvernement de Sa Majesté ne diffèrent pas notablement de celles de l'empereur des Français.

» Mais si la simple manifestation d'opinions et de vœux ne devait amener aucun résultat positif, il paraît certain que les délibérations d'un congrès consisteraient en demandes et en prétentions mises en avant par les uns et repoussées par les autres, et comme il n'y aurait dans une pareille assemblée aucune autorité suprême pour rendre exécutoires les décisions de la majorité, le congrès se séparerait probablement, laissant plusieurs de ses membres plus mal disposés entre eux que lors de leur première réunion.

» Ne pouvant donc entrevoir la probabilité des résultats propices dont s'est flatté l'empereur des Français, lorsqu'il a proposé un congrès, le gouvernement de Sa Majesté, cédant à de fortes convictions, et après mûre délibération, se trouve dans l'impossibilité d'accepter l'invitation de Sa Majesté Impériale.

» J'ai l'honneur, etc.

» RUSSELL. »

A cette lettre, le gouvernement français a répondu par l'organe de son ministre des finances.

M. Fould présente aussitôt un rapport à S. M. Napoléon, dans lequel il propose d'emprunter 300,000,000, qui seront, dit-il, destinés à diminuer d'autant la dette flottante dont l'existence est trop onéreuse.

Mais la mesure du ministre des finances de France a

été interprétée dans son véritable sens par les hommes d'État des autres puissances. Pour eux, l'emprunt de 300,000,000.(1) signifiait guerre.

Le moyen employé par le gouvernement français a parfaitement réussi. Tous les souverains ont adressé leur réponse *personnelle* à Napoléon III. Toutes ces lettres respirent l'esprit le plus conciliant, le plus disposé en faveur du congrès ; toutes expriment les sentiments les plus affectueux pour l'Empereur des Français.

La mauvaise influence de l'Angleterre a donc été complétement neutralisée. Il y a plus ; les intentions suspectes du gouvernement anglais pourraient bien être la cause déterminante de l'isolement dont il est menacé par l'opinion publique, isolement que le peuple anglais devrait au *Foreign-office* et qui serait pour la France la plus importante des victoires que celle-ci ait remportées jusqu'à ce jour.

Allons jusqu'au bout et demandons-nous ce que deviendrait la Grande-Bretagne isolée en face de l'Europe unie et riche ? Elle serait à peine une île dont l'importance pourrait alors être comparée à l'importance actuelle de Jersey et de Guernesey vis-à-vis de la France.

Ainsi il n'est pas possible que le gouvernement anglais

---

(1) Si le ministre des finances de France eût eu en vue seulement une opération heureuse pour les deniers de l'État, il aurait consolidé les 975 millions de dette flottante ; cette somme eût été aussi facile à trouver au moyen des emprunts nationaux qui réussissent si bien à Napoléon III, et l'opération du ministre eût été complète et véritablement fructueuse pour son gouvernement.

si éclairé ne vienne pas se joindre, dans le congrès, aux autres États du continent.

Qu'il survienne un changement de ministère, le nouveau cabinet dictera une lettre à S. M. la reine Victoria pour être adressée à Napoléon et tout sera dit.

Enfin, pour répondre aux aspirations bien naturelles de plusieurs souverains, qui ont exprimé le désir de connaître à l'avance les bases du congrès et aussi pour donner à l'Angleterre le temps de changer de politique, nous proposons encore qu'il soit préalablement tenu à Paris une réunion d'ambassadeurs afin que l'on puisse, dans cette assemblée, dresser un programme énumérant les points qui seraient soumis aux décisions du congrès.

Cette première démarche serait un pas fait vers le congrès, peut-être vers la conciliation, en tous cas ce serait un essai qui ne préjugerait absolument rien et dont le résultat n'offrirait aucun danger pour l'avenir.

Encore un mot pour compléter notre programme.

Nous prions, dans le cas où le congrès aurait lieu, la souveraine assemblée de former un aréopage européen chargé de juger toutes les questions litigieuses qui pourront dans la suite naître en Europe.

Nous demandons, en outre, que tous les jugements prononcés par cette haute cour soient sanctionnés par le vote des nations intéressées.

Nous développerons plus tard chaque partie de ce programme.

Les deux tentatives faites par Napoléon III, d'abord pour former un Congrès de Souverains et ensuite pour réunir préalablement en conférence les ministres des affaires étrangères de toutes les puissances de l'Occident, n'ayant pas réussi complétement du moins pour le moment, l'Empereur des Français ne doit point abandonner sa grande idée sociale humanitaire ; car elle est vraie, juste, et d'ailleurs elle compte un grand nombre de partisans.

En attendant la réalisation de son idée, que l'empereur Napoléon daigne nous permettre, à cette occasion, de porter à la connaissance de Sa Majesté un projet qui consisterait à adresser simultanément à tous les Souverains de l'Europe l'invitation intime de venir à Paris à une même époque, non plus comme membres d'un aréopage, mais simplement pour visiter sa belle capitale. Cette démarche, nous en avons la conviction, serait unanimement accueillie.

De plus, nous sommes persuadés que si, tous les ans, à une époque déterminée, les Souverains se rendaient une visite purement fraternelle, tantôt dans une capitale, tantôt dans une autre, les monarques et les peuples ne tarderaient pas à voir naître entre eux la paix et l'union.

FIN.

Paris. — Imprimerie L. Guérin, 26, rue du Petit-Carreau.